De l'Hypothèque Fluviale

Manuel d'Application

par

Ernest Dutrieux

Agréé près le Tribunal de Commerce de Chauny

Secrétaire Général

de l'Union des Usagers
des Voies Navigables Françaises

À la Batellerie
Avec mon respectueux hommage.
E.D

Manuel résumant les dispositions principales de la Loi du 5 Juillet 1917 et du Décret du 3 Avril 1919 portant Règlement d'Administration Publique.

§ 1. — Des privilèges et hypothèques sur bateaux, d'un tonnage égal, ou supérieur, à vingt tonnes.

Les bateaux de navigation intérieure demeurent affectés aux dettes que la loi déclare privilégiées pour les meubles.

Ces bateaux sont susceptibles d'hypothèque par la convention des parties et si leur tonnage correspond, au moins, à 20 tonnes.

Le titre constitutif d'hypothèque, constaté par écrit, peut être à ordre, d'où sa négociation, par voie d'endossement, légitimant droit hypothécaire.

Un bateau en construction peut permettre l'existence de ce droit.

L'hypothèque est rendue publique par l'accomplissement des formalités mentionnées ci-après (§ III.).

§ 2. — De la publicité des Actes translatifs, constitutifs, ou déclaratifs, de droits réels sur bateaux de navigation intérieure.

Les effets, à l'égard des tiers, de tels actes, ou jugements, ne se produisent qu'autant que ceux-ci sont rendus publics, par la régularisation d'une inscription formalisée à la requête de l'acquéreur, ou du créancier, sur un registre tenu au Greffe du Tribunal de Commerce du lieu d'immatriculation du bateau.

Déposer au Greffe :

Requête d'Inscription – Y indiquer avec les nom, prénoms, profession, domicile et nationalité des parties, la date et la nature de l'acte, et, s'il est authentique, la désignation de l'Officier public, ou du Tribunal, dont il émane ; le nom, ou la devise, du bateau, la lettre caractéristique du bureau où il a été immatriculé, le numéro et la date de l'immatriculation (Water requête).

Produire l'acte au sujet duquel l'inscription est requise, et le certificat d'immatriculation du bateau.

Dans le cas où l'acte, ou jugement à inscrire, s'appliquerait à plusieurs bateaux, déposer, à l'appui de l'inscription relative à chacun d'eux, une requête distincte. Produire un extrait afférent au dit acte ou jugement.

Mention d'inscription du titre de propriété est faite par le greffier, sur le registre à ce prescrit. Pareille mention est faite sur le certificat d'immatriculation ainsi que sur l'acte produit, translatif de propriété, ou constitutif de droits réels. L'inscription doit être datée.

> N.B. – La loi du 5 Juillet 1917 (Art. 16) édicte que :
> « pour les acquisitions antérieures à
> « sa promulgation, il peut être sup-
> « pléé au défaut de titre de propriété
> « par une déclaration de propriété
> « faite sous serment devant le Tri-
> « bunal de Commerce, en présence de
> « douze témoins patentés. Inscription
> « du titre de propriété, ou de la déclaration
> « supplétive est faite sur le registre
> « du Greffe ».
>
> Cette disposition ne sera pas être d'une application fréquente, les ventes de bateaux relevant, généralement, de contrats ou écrits, enregistrés. Mais il est permis de déduire de l'esprit de la loi qu'une pensée généreuse, à l'adresse des bateliers, évacués par l'ennemi, ou réfugiés, privés de leurs titres, papiers, a causé ce libellé, tout de bienveillance.

Avoir soin de remplir ces formalités, fort simples d'ailleurs, et peu coûteuses. Nous ne saurions trop le recommander à l'acquéreur de tout bateau.

§ III. – De la constitution de l'hypothèque et des formalités d'inscription.

Bateau en construction.

L'hypothèque peut donc être

Bateau construit.

Déposer au Greffe du Tribunal de

Bateau en construction.

constituée sur un bateau en construction.

Partant de ce principe que l'acquisition d'un bateau, sujet à hypothèque, doit être constatée par écrit, sur la justification de conventions régulières portant sur la construction d'un bateau susceptible d'être grevé d'hypothèque, faire déclaration au bureau d'immatriculation de la circonscription du lieu de la construction.[1] Indiquer longueur, principales dimensions approximatives bateau, jaugeage présumé, lieu et date mise en chantier. Retirer récépissé de cette déclaration.

Mêmes formalités et production de pièces que pour un bateau construit, sauf substitution, au certificat d'immatriculation, du récépissé mentionné ci-dessous.[2]

Bateau construit.

commerce du lieu d'immatriculation.

Deux bordereaux aux fins d'inscription, signés de la partie requérante. Y mentionner : nom, prénoms, profession, domicile et nationalité du créancier et du débiteur ; date et nature du titre ; montant créance exprimée dans le titre ; convention relative aux intérêts et au remboursement ; nom désignation bateau, date, numéro immatriculation ; élection de domicile par le créancier dans la localité où siège le Tribunal de Commerce.

Produire un des originaux du titre constitutif d'hypothèque, lequel reste déposé au Greffe si ce titre est sous seings privés ou reçu en brevet, ou une expédition, s'il en existe minute.

Produire également le certificat d'immatriculation du bateau

---

[1] Cette déclaration est adressée à l'Ingénieur en Chef chargé du bureau d'immatriculation par lettre recommandée, portant les signatures dûment légalisées, du propriétaire et du constructeur.
Le bateau est immédiatement inscrit sur le registre d'immatriculation et y prend son numéro d'ordre, avec les indications portées par la déclaration. — L'inscription est complétée ultérieurement et rectifiée, s'il y a lieu, lors de l'accomplissement des formalités prescrites qui décret portant règlement d'administration publique (art. 8) qui restent obligatoires après l'achèvement du bateau.
D'ailleurs, ces formalités sont édictées, comme suit :
« Lorsqu'un bateau d'un tonnage égal ou supérieur à 20 tonnes est mis à flot au sortir du « chantier de construction, déclaration en est faite, par lettre recommandée, à l'Ingénieur en chef « chargé du bureau d'immatriculation dans le ressort duquel se trouve le chantier de construction.
« La dite déclaration porte les signatures, dûment légalisées, du propriétaire et du constructeur du « bateau, et contient les indications énumérées à l'Art. 3 de la loi du 5 Juillet 1917. »

[2] Jusqu'à l'accomplissement des prescriptions de l'Art. 8 rapporté ci-dessus, le récépissé tient lieu de certificat d'immatriculation. Il reproduit, à cet effet, les indications prescrites pour ce certificat.

Pour l'inscription de l'hypothèque, le débiteur se doit à une présentation, en commun avec le créancier, du certificat d'immatriculation, ou du récépissé tenant lieu de ce certificat lorsqu'il s'agit d'un bateau en construction, à moins qu'il ne préfère charger le créancier de présenter, à sa place, le certificat ou le récépissé.

Chaque bordereau d'inscription ne peut s'appliquer qu'à un seul bateau.

L'inscription hypothécaire contient la mention du contenu des bordereaux.

Le Greffe remet au requérant l'un des deux bordereaux au bas duquel certificat est donné que l'inscription a été faite. Si le titre constitutif d'hypothèque est authentique, l'expédition en est également remise au requérant.

Le certificat d'immatriculation, ou le récépissé s'il s'agit d'un bateau en construction, est aussi restitué au requérant après mention y portée de l'acte ou du jugement ayant causé l'inscription.

§. IV. — Du rang des inscriptions, leur durée de conservation de l'hypothèque, et garantie.

Au cas d'existence de deux ou plusieurs hypothèques sur le même bateau, leur rang est déterminé par l'ordre de priorité des dates d'inscription. <u>Les hypothèques inscrites le même jour viennent en concurrence, sans qu'il soit tenu compte de la différence des heures de l'inscription.</u>

La durée de la conservation de l'hypothèque est de <u>dix années</u>, à compter du jour de la date de l'inscription.

Faute de renouvellement avant l'expiration de ce délai, sur le registre du greffe du Tribunal de Commerce, l'hypothèque cesse de produire effet.

L'inscription hypothécaire garantit, au même rang que le capital, trois années d'intérêt en plus de l'année courante. L'intérêt conventionnel, en matière de prêts hypothécaires sur bateaux visés en la loi, est libre. Cependant l'intérêt légal est de 6%.

Les créanciers ayant hypothèque inscrite sur un bateau, le suivent en quelques mains qu'il passe, pour être colloqués et payés suivant l'ordre de leurs inscriptions et après les créanciers privilégiés.

Les dispositions de la loi du 19 Février 1889 sur la subrogation légale des créanciers privilégiés ou hypothécaires dans le bénéfice de l'indemnité d'assurance sont applicables.

§. V. — De la radiation des inscriptions.

Les inscriptions hypothécaires sont rayées, soit du consentement des parties intéressées ayant capacité à cet effet, soit en vertu d'un jugement en dernier ressort ou passé en force de chose jugée.

A défaut de jugement, la radiation totale ou partielle, de l'inscription ne peut être opérée que sur le dépôt d'un acte de consentement à la radiation, donné par le créancier, ou son cessionnaire, justifiant de ses droits. Dans le cas où l'acte constitutif d'hypothèque est sous seings privés ou si, étant authentique, il a été reçu en brevet, il est communiqué au Greffe du Tribunal de Commerce, et, séance tenante, mention y est faite de la radiation totale ou partielle. Si l'acte constitutif d'hypothèque ne peut être représenté et s'il n'est pas à ordre, la déclaration en est faite par les deux parties dans l'acte de mainlevée.

Le certificat d'immatriculation, ou le récépissé, s'il s'agit d'un bateau en construction, est à produire, également, au greffe du Tribunal de Commerce pour qu'il soit procédé à la radiation de la mention de l'acte, ou jugement, ayant causé l'inscription.

§. VI.

§ VI. — De la purge des hypothèques

En raison du droit de suite accordé aux créanciers ayant hypothèque inscrite sur un bateau, il importe à l'acquéreur, à défaut de règlement amiable entre les intéressés, au moment de son acquisition, de recourir avec diligence et soins à l'application des prescriptions suivantes, résultant de la loi du 5 Juillet 1917.

Art. 28. — L'acquéreur est tenu, avant la poursuite ou dans le délai de quinzaine, de notifier à tous les créanciers inscrits sur le registre du Greffe du tribunal de commerce, au domicile élu par eux dans leurs inscriptions ; 1° un extrait de son titre indiquant seulement la date et la nature du titre, le nom et le numéro d'immatriculation, l'espèce et le tonnage du bateau, ainsi que les charges faisant partie du prix ; 2° un tableau sur trois colonnes dont la première contiendra la date des inscriptions, la seconde le nom des créanciers, la troisième le montant des créances inscrites ; 3° la déclaration qu'il est prêt à acquitter sur le champ les dettes hypothécaires jusqu'à concurrence de son prix, sans distinction des dettes exigibles ou non ; 4° l'indication du lieu où le bateau se trouve et doit rester amarré jusqu'à l'expiration du délai donné aux créanciers pour requérir la mise aux enchères et, en outre, si cette mise aux enchères est requise, jusqu'à l'adjudication qui suivra ; 5° constitution d'un avoué près le Tribunal civil dans le ressort duquel se trouve le bateau.

Art. 29. — L'acquéreur est tenu, à peine de

N.B. — Ces prescriptions, d'une application difficile et onéreuse n'en sont pas moins à observer rigoureusement.

Sous aucun prétexte, et malgré toutes promesses, assurances d'une entente amiable à intervenir par la suite ;

l'acquéreur ne saurait, sans perdre le bénéfice d'une garantie, contre toutes poursuites, se dispenser de les remplir fidèlement.

Nous ne saurions trop insister à cet égard.

nullité de la notification prévue à l'article précédent, de maintenir le bateau au lieu indiqué. En cas de déplacement momentané pour cause de force majeure ou en exécution d'un ordre administratif, les délais visés à l'alinéa 4e de l'article précédent cessent de courir pendant le temps que le bateau passe hors du lieu indiqué.

Art. 30. — Tout créancier inscrit peut requérir la mise aux enchères du bateau en offrant de porter le prix à un dixième en sus et de donner caution pour le payement du prix et des charges.

Art. 31. — La réquisition de mise aux enchères doit être signée du créancier et signifiée à l'acquéreur dans les dix jours de la notification. Elle contient assignation devant le tribunal civil du lieu où se trouve le bateau pour voir ordonner qu'il sera procédé aux enchères requises.

Art. 32. — La vente aux enchères a lieu à la diligence soit du créancier qui l'a requise, soit de l'acquéreur, dans les formes établies pour les ventes sur saisie.

Avant de rapporter, à titre purement indicatif, les formalités relatives à la saisie et à la vente forcée s'en suivant, pour la clarté du plan de ce manuel, nous traiterons, succinctement, de quelques points dont la mise en relief s'impose à nos yeux.

Des hypothèques consenties à l'étranger

— Des hypothèques consenties à l'étranger le législateur, disons-le, s'est préoccupé. C'est ainsi que l'article 46 de la loi du 5 Juillet 1917 stipule qu'elles n'ont d'effet à l'égard des tiers, comme celles consenties en France, que du jour de leur inscription sur le registre du greffe du

Tribunal de Commerce du lieu de l'immatriculation.
Rien de plus naturel.

— Mentionnons que l'art. 25 de la dite loi édicte que le Greffier du Tribunal de Commerce est tenu de délivrer à tous ceux qui le requièrent, l'état des inscriptions hypothécaires subsistant sur le bateau ou un certificat qu'il n'en existe aucune.

Mais, ajoutons que le décret portant règlement d'administration publique (art. 28) précise que toute personne formulant une telle demande devra présenter, au Greffier, une réquisition écrite, appuyée soit du certificat d'immatriculation du bateau ou, s'il s'agit de bateau en construction, du récépissé prévu — soit de la copie du registre d'immatriculation prévu à l'art. 4 de la loi, lequel est ainsi conçu :

« Les registres d'immatriculation sont publics,
« et toute personne peut en obtenir des copies
« certifiées conformes".

De la délivrance à toute personne de l'état des inscriptions.

— Même mode de procéder, s'il s'agit, soit d'un état des inscriptions autres que celles hypothécaires visées à l'art. 25 de la loi, soit d'un état des transcriptions des procès-verbaux de saisie..............

De la délivrance d'autres états.

Il nous faut nous étendre davantage sur ce point.

Le législateur de décider (Art. 16 Loi) que, "s'il s'agit d'un acte translatif de propriété, le nouveau propriétaire peut demander un nouveau certificat d'immatriculation."

Tout propriétaire peut aussi, par la suite, faire à l'autorité chargée du bureau d'immatriculation, qui en fait mention sur le registre matricule, une déclaration comportant le changement de ce bureau en tant qu'immatriculation du bateau.

Il est alors procédé au transfert demandé et notification en est faite, par les soins de cette autorité, au Greffe du Tribunal de Commerce du lieu de l'immatriculation primitive.

A son tour, le Greffier fait le nécessaire pour que les inscriptions, s'il en existe, soient reproduites, avec leurs dates respectives, au Greffe du Tribunal de Commerce du lieu du nouveau bureau d'immatriculation. C'est ainsi que ce dernier se voit adresser, sans délai, par le Greffier du lieu de l'immatriculation primitive : 1º la copie littérale de la rubrique ouverte, dans le registre des inscriptions, au nom du bateau qui fait l'objet du transfert ; 2º les pièces déposées au titre de ce bateau.

Le dû à l'occasion de ce transfert est à acquitter entre les mains du Greffier du lieu de l'immatriculation primitive.

Ces prescriptions, d'un mécanisme simple, doivent, cependant, dans leur application, se concilier avec celles rapportées ci-après, telles qu'elles sont détaillées en l'article 10 du décret portant règlement d'administration publique, lequel est ainsi conçu :

« Toute déclaration comportant un changement
« d'immatriculation d'un bateau, est remise, par écrit,
« à l'ingénieur en chef par le propriétaire qui est tenu
« de présenter le certificat d'immatriculation du bateau,
« ainsi qu'un état négatif de transcription de saisie.
« Si le certificat d'immatriculation ne mentionne,
« en ce qui concerne ce bateau, aucune inscription
« effectuée en exécution de l'art. 16 de la Loi, il est procédé
« sans délai au transfert. Le bateau est rayé définiti-
« vement du registre du bureau primitif sur lequel est
« mentionnée la demande de transfert ; cette demande est
« conservée et classée dans un dossier spécial.

Du remplacement, ou transfert du certificat d'immatriculation.

« L'ingénieur en chef, chargé du bureau d'immatricu-
« lation auquel se trouve rattaché le bateau par suite du
« transfert, inscrit celui-ci sur son registre avec le numéro
« d'ordre correspondant à la réception de la notification du
« transfert. Cette notification, dont il accuse réception, est
« mentionnée sur le registre et conservée et classée dans
« un dossier spécial.
« Dans le cas où le certificat d'immatriculation porte
« mention d'inscriptions, l'ingénieur en chef procède im-
« médiatement à la notification prévue par l'article 7,
« paragraphe 3, de la loi du 5 Juillet 1917.
« Le transfert d'immatriculation n'est réalisé
« que lorsque l'intéressé a justifié du payement, entre
« les mains du Greffier qui a reçu les inscriptions, des
« rétributions prévues à l'article 112 du présent décret. »

Il importe, maintenant que la loi sur l'hypothèque fluviale est devenue applicable, de mettre en harmonie la situation faite aux bateliers par l'immatriculation actuelle de leurs bateaux avec celle résultant des dispositions nouvellement imposées.

De l'immatriculation actuelle

Le décret portant règlement d'administration pu-
« blique fait une obligation à tout propriétaire " d'un
« bateau d'un tonnage égal ou supérieur à vingt
« tonnes en service à la date du décret ", d'adresser
« par lettre recommandée, à l'ingénieur en chef chargé
« du bureau d'immatriculation auquel est inscrit son
« bateau, en vertu du décret du 1er Avril 1899, une demande en
« vue d'obtenir l'immatriculation prévue par la loi
« du 5 Juillet 1917. Cette demande rappelle le numéro

Ce qu'il faut faire

« d'immatriculation ancien du bateau et contient
« toutes les indications énumérées à l'article 3 de la
« dite loi.
« Il est accordé, pour l'envoi de cette demande, un

Ce qu'il faut faire

Articles 7 et 8

« délai de six mois à partir de la date de la cessation
« des hostilités, telle qu'elle sera fixée par décret. Durant
« ce délai, le certificat de jaugeage antérieurement déli-
« vré au bateau tiendra lieu de certificat d'immatri-
« culation pour l'application du paragraphe 1er de l'ar-
« ticle 6 de la loi du 5 Juillet 1917, sans toutefois que le
« dit certificat de jaugeage puisse valoir pour l'accomplis-
« sement des formalités prévues au deuxième paragraphe
« de l'article 16 de la loi. »

Mais que faire si le bateau est perdu ou mis hors d'état de naviguer ?

— Le législateur a prévu l'un et l'autre de ces cas.
L'article 9 de la Loi du 5 Juillet 1917 porte que :
« En cas de perte ou innavigabilité définitive
« dûment constatées d'un bateau, le propriétaire est
« tenu d'en faire la déclaration au Bureau d'im-
« matriculation dans le registre duquel le bateau
« est immatriculé en y joignant l'acte d'imma-
« triculation, dont récépissé pour annulation lui
« est donné. L'infraction à la disposition du pré-
« sent article est passible d'une amende de 100 à 300.f »

Il importe de retenir également qu'au cas de modifications
aux caractéristiques du bateau, une déclaration est à faire au Bureau
d'immatriculation, tout comme au cas précédent.

Ainsi donc que tout propriétaire de bateau ne manque pas de
se conformer à ces prescriptions, toute infraction étant punissable.

D'ailleurs, à cet égard, nous croyons opportun de reproduire également, les dispositions suivantes, insérées au décret portant règlement
d'administration publique.

Art. 44. — Indépendamment des officiers de police judiciaire,
sont chargés de la constatation des infractions aux dispositions
de la loi du 5 Juillet 1917 et des contraventions aux prescriptions
du présent décret, les ingénieurs, sous-ingénieurs, conduc-
teurs, adjoints techniques et agents des ponts et chaussées,

les fonctionnaires et agents des contributions directes et indirectes et des douanes.

Ces agents ont le droit d'effectuer à tout instant les vérifications nécessaires pour constater les infractions à la loi du 5 Juillet 1917 et les contraventions au présent décret.

Tout propriétaire, patron ou batelier doit, à cet effet, leur donner toutes les facilités utiles.

Art. 45. — Le certificat d'immatriculation dont tout bateau soumis aux prescriptions de la loi du 5 Juillet 1917 est muni, en exécution de l'article 6 de la dite loi, et le certificat de jaugeage défini à l'article 5 du présent règlement doivent être présentés à toute réquisition des agents désignés à l'article précédent.

Art. 46. — Les procès-verbaux dressés par ces agents pour la constatation des infractions à la loi et des contraventions au présent décret sont transmis, sans délai, au procureur de la République.

Ce qu'il ne faut pas faire

Puis, en fin de ce chapitre traitant des infractions et pénalités, nous n'omettrons pas d'indiquer qu'aux termes de l'article 45 de la loi du 5 Juillet 1917 :
« Tout fait tendant à détourner frauduleusement un bateau
« grevé d'une hypothèque régulièrement inscrite est puni
« des peines portées à l'art. 408 du Code Pénal. L'article
« 463 du même Code peut être appliqué. »

§ VII. — De la saisie et la vente forcée.

La procédure à suivre, telle que le législateur en a imposé l'application, aurait gagné à être simplifiée. Il s'en serait suivi, tout d'abord, une économie de frais et lenteurs.

Cette parenthèse fermée, reproduisons, textuellement, chacun des articles traitant de la procédure prescrite.

Art. 33 — La saisie et la vente forcée des bateaux de navigation intérieure d'un tonnage égal ou supérieur à 20 tonnes sont effectuées dans les formes prévues par la présente loi.

Art. 34. — Il ne peut être procédé à la saisie que vingt-quatre heures après le commandement de payer fait à la personne du propriétaire ou à son domicile.

Art. 35. — L'huissier énonce dans le procès-verbal de saisie : les noms, prénoms et domicile du créancier pour qui il agit ; le titre en vertu duquel il procède ; la somme dont il poursuit le payement ; l'élection de domicile faite par le créancier dans le lieu où siège le tribunal devant lequel la vente doit être poursuivie et dans le lieu où le bateau saisi est amarré ; les noms du propriétaire et du capitaine ou du patron ; le nom ou la devise, le type, le tonnage du bateau, son numéro et le bureau d'immatriculation. Il fait l'énonciation et la description des agrès, batelets, ustensiles et approvisionnements. Il établit un gardien.

Art. 36. — Le saisissant doit, dans le délai de trois jours, notifier au propriétaire copie du procès-verbal de saisie et le faire citer devant le Tribunal civil du lieu de la saisie pour voir dire qu'il sera procédé à la vente des choses saisies. Si le propriétaire n'est pas domicilié dans l'arrondissement où se trouve le bateau, les significations et citations lui sont données en la personne du capitaine ou patron du bateau saisi, ou, en son absence, en la personne de celui qui représente le propriétaire ou le capitaine ou patron ; le délai de trois jours est porté à huit jours, si le propriétaire est domicilié dans le département, et à quinze jours s'il est domicilié en France hors du département. Si le propriétaire est domicilié hors de France et non représenté, les citations et significations seront données ainsi qu'il est prescrit par l'article 69, paragraphe 10, du code de procédure civile, sous réserve de toutes autres dispositions des traités internationaux.

Art. 37. — Le procès-verbal de saisie est transcrit au greffe du Tribunal de Commerce <u>du lieu de l'immatriculation ou dans le ressort duquel le bateau est en construction</u>, dans le délai de trois jours, huit jours ou quinze jours selon que le lieu où se trouve le tribunal qui doit connaître de la saisie et de ses suites est dans l'arrondissement, dans le département ou hors du département. Dans la huitaine, le greffier du Tribunal de Commerce délivre un état des inscriptions, et, dans les trois jours qui suivent (avec augmentation du délai à raison des distances comme il est dit ci-dessous), la saisie est dénoncée aux créanciers inscrits aux domiciles élus dans leurs inscriptions, avec l'indication du jour de la comparution devant le Tribunal civil. Le délai de comparution est également calculé à raison de trois, huit ou quinze jours, selon la distance entre le lieu où siège le Tribunal dans le ressort duquel la saisie a été pratiquée.

N.B.
(Il sera donc prudent de proposer, à l'origine, au tribunal ordonnant la vente, une mise à prix susceptible d'être couverte afin d'éviter un jugement sur baisse de mise à prix, avec nouvelle publicité, mise en vente..)

Art. 38. — Le tribunal civil fixe par son jugement la mise à prix et les conditions de la vente. Si, au jour fixé pour la vente, il n'est pas fait d'offre, le tribunal indique par jugement le jour auquel les enchères auront lieu sur une nouvelle mise à prix inférieure à la première, et qui est déterminée par le jugement.

Art. 39. — La vente sur saisie se fait à l'audience des criées du tribunal civil, quinze jours après une apposition d'affiches, et une insertion de cette affiche:
1° dans un des journaux désignés pour recevoir les

annonces judiciaires du ressort du tribunal ; 2° dans un journal spécial de navigation intérieure. Néanmoins le tribunal peut ordonner que la vente soit faite ou devant un autre tribunal civil, ou en l'étude et par ministère soit d'un notaire, soit d'un autre officier public, au lieu où se trouve le bateau saisi. Dans ces divers cas, le jugement réglemente la publicité locale.

(Il est de l'intérêt des parties de voir la vente se produire à bord du bateau, d'où concours plus empressé d'amateurs....)

Art. 40. — Les affiches sont apposées sur la partie la plus apparente du bateau saisi, à la porte principale du tribunal civil devant lequel on doit procéder, sur la place publique, le quai du lieu où le bateau est amarré, à la bourse de commerce s'il y en a une, sur les marchés d'affrètement de la région, ainsi qu'à la porte du bureau d'immatriculation et à celle du Tribunal de Commerce.

Art. 41. — Les annonces et affiches doivent indiquer : les nom, profession et domicile du poursuivant ; les titres en vertu desquels il agit ; la somme qui lui est due ; l'élection de domicile par lui faite dans le lieu où siège le Tribunal civil et dans le lieu où le bateau saisi est amarré ; les nom, prénoms, profession et domicile du propriétaire du bateau saisi ; les caractéristiques du bateau portées au certificat d'immatriculation ; le nom du capitaine ou patron ; le lieu où se trouve le bateau ; la mise à prix et les conditions de la vente ; les jour, lieu et heure de l'adjudication.

(Il nous apparaît que le versement du prix, soit au Greffe du tribunal connaissant de l'adjudication, soit aux mains de l'officier public vendeur devrait être effectué au moment même de l'acquisition sans dépôt à la Caisse ensuite selon qu'il est prescrit, de façon à éviter, tout au moins, au cas de non paiement immédiat, (cas qui peut très bien se produire) une nouvelle procédure de mise en vente sur folle enchère.)

Art. 42. — L'adjudicataire est tenu de verser son prix, sans frais, à la Caisse des dépôts et consignations, dans les vingt-quatre heures de l'adjudication, à peine de folle enchère. Il doit, dans les cinq jours suivants, présenter requête au président du tribunal civil pour faire connaître le juge devant lequel il citera les créanciers, par acte signifié aux domiciles élus, à l'effet de s'entendre à l'amiable sur la distribution du prix. L'acte de convocation est affiché dans l'auditoire du tribunal civil et inséré dans l'un des journaux désignés pour recevoir des annonces judiciaires dans le ressort du tribunal, et dans un journal spécial de navigation intérieure. Le délai de convocation est de quinzaine, sans augmentation à raison de la distance.

Art. 43. — Dans le cas où les créanciers ne s'entendraient pas sur la distribution du prix, il sera dressé procès-verbal de leurs prétentions et contredits. Dans la huitaine, chacun des créanciers doit déposer au greffe du tribunal civil une demande de collocation contenant constitution d'avoué, avec titres à l'appui. A la requête du plus diligent, les créanciers sont, par un simple acte d'avoué à avoué, appelés devant le tribunal, qui statue à l'égard de tous, même des créanciers privilégiés.

Art. 44. — Le jugement est signifié dans les trente jours de sa date, à avoué seulement pour les parties présentes, et aux domiciles élus pour les parties défaillantes; le jugement n'est pas susceptible d'opposition.

Le délai d'appel est de dix, quinze ou trente jours, à compter de la signification du jugement, selon que le siège du Tribunal et le domicile élu dans l'inscription sont dans le même arrondissement, dans le même département, ou dans des départements différents.

L'acte d'appel contient assignation et énonciation des griefs, à peine de nullité.

La disposition finale de l'art. 762 du Code de procédure civile est appliquée, ainsi que les art. 761, 763 et 764 du même Code relativement à la procédure devant la Cour.

Dans les huit jours qui suivent l'expiration du délai d'appel, et, s'il y a appel, dans les huit jours de l'arrêt, le juge déjà désigné dresse l'état des créances colloquées, en principal, intérêts et frais. Les intérêts des créances utilement colloquées cessent de courir à l'égard de la partie saisie. Les dépens des contestations ne peuvent être pris sur les deniers à distribuer, sauf les frais de l'avoué le plus ancien. Sur ordonnance par le Juge Commissaire, le Greffier du Tribunal Civil délivre les bordereaux de collocation exécutoires contre la Caisse des Dépôts et Consignations, dans les termes de l'art. 770 du Code de Procédure Civile. La même ordonnance autorise la radiation, par le Greffier du Tribunal de Commerce, des inscriptions des créanciers non colloqués. Il est procédé à cette radiation sur la demande de toute partie intéressée.

Art. 49. — L'article 820 du Code de Procédure Civile est abrogé en ce qui concerne les bateaux de navigation intérieure d'un tonnage égal, ou supérieur, à 20 tonnes.

§. VIII. — Droit d'enregistrement de l'acte constitutif d'hypothèque, frais de greffe, tenue des registres prescrits.

L'art. 26 de la loi fixe le droit d'enregistrement de l'acte constitutif d'hypothèque authentique ou sous seings privés à un franc (1 fr.) par mille francs (1000 fr.) du montant de la créance. Pour les consentements à mainlevées totales ou partielles, ce droit est de vingt centimes (0,20) en principal par mille francs (1.000 fr.) du montant des sommes faisant l'objet de la mainlevée. En cas de simple réduction de l'inscription, il n'est dû pour les mainlevées partielles qu'un droit fixe de cinq francs (5 fr.) qui ne peut toutefois excéder le droit proportionnel exigible au cas de mainlevée totale.

Quant aux frais de greffe proprement dits, le décret portant règlement d'administration publique, sous le titre : rétribution des greffiers (art. 42 et suivants) en fixe le taux, peu élevé d'ailleurs.

Le même décret (art. 29 à 41) prescrit le mode de registres (3) et leur tenue, par le Greffier du Tribunal de Commerce. Vérification de cette tenue, par le Président de ce Tribunal, est faite annuellement, au mois de Décembre.

§ IX. — Droit d'enregistrement de Vente de bateau.

Un dernier mot, en ce qui concerne ce droit, bien que cela ne rentre pas dans le cadre de la loi qui nous occupe.

L'article 10 de la loi du 30 Décembre 1916 impose le taux de cinquante centimes par 100 f. — ce qui, avec les décimes, donne 0f,625 %, — à toute vente, totale ou partielle, de bateaux servant à la navigation intérieure, dont la jauge nette est supérieure à 100 tonnes.

Quant à ceux d'un tonnage inférieur à ce taux, l'art. 22 de la loi du 7 Avril 1902, reste applicable, soit un droit fixe de 3f.

* *
*

Nous pensons ainsi avoir résumé suffisamment les dispositions combinées de la loi sur l'hypothèque fluviale et du décret portant règlementation d'administration publique s'en étant suivi.

Il nous resterait à traiter du jaugeage et de l'immatriculation des bateaux ; mais, ayant déjà ajouté à l'analyse de l'hypothèque fluviale et à son mode d'emploi, certaines indications, prescriptions, portant sur cette double opération du jaugeage et de l'immatriculation, nous ne retiendrons pas davantage la bienveillante attention de nos lecteurs sachant d'ailleurs avec quelle vigilance le Ministère des Travaux Publics, à qui ce service est confié, informera les intéressés et saura, paternellement, les mettre en garde contre les conséquences d'un retard ou oubli dans l'application des mesures prescrites s'imposant à tout chacun.

17 Avril 1919.

§X. — Tableau des Bureaux d'Immatriculation et de Jaugeage tel qu'il résulte de l'Annexe au Décret pour Règlement d'Administration Publique

Désignation des Bureaux d'Immatriculation	Lettres caractéristiques	Désignation des Bureaux de jaugeage rattachés	Désignation des Bureaux d'Immatriculation	Lettres caractéristiques	Désignation des Bureaux de jaugeage rattachés
Compiègne	C.O.	Condé-sur-Escaut Cambrai Compiègne Pontoise Maubeuge St Valéry-sur-Somme	Nevers	N.V.	Roanne Digoin Nevers Marseille-les-Aubigny Saint-Léger-des-Vignes Clamecy
Lille	L.I.	Douai Saint-Omer Bergues Dunkerque Merville Armentières Lille	Bourges	B.G.	Montluçon Sancoins Vierzon Argent-sur-Sauldre Rochepinard (Tours)
Charleville	C.H.	Givet Charleville Rethel Reims	Nantes	N.A.	Orléans Blois Saumur Angers Nantes Redon Malestroit Josselin Pontivy Carhaix Châteaulin Hennebont Rennes
Nancy	N.Y.	Nixes Nancy Arnaville Vitry-le-François Saint-Dizier			
Paris	P.	Paris Paris-la-Villette Le Havre Rouen Meaux Montereau Montargis	Lyon	L.Y.	Lyon-Brotteaux Lyon-Vaise Givors Arles Beaucaire Aigues-Mortes Thonon Annecy
Dijon	D.	Laroche Montbard Pouilly-en-Auxois Dijon Saint-Jean-de-Losne Besançon Montbéliard Gray Chalon-sur-Saône Montceau-les-Mines	Bordeaux	B.X.	Cette Toulouse Agen Bordeaux Montauban Cahors Cognac Saintes Rochefort Marans La Rochelle
			Bayonne	B.Y.	Dax Bayonne

Table des Matières.

Désignation des Chapitres.	N.os des Pages
§. I. — Des Privilèges et Hypothèques sur bateaux d'un tonnage égal ou supérieur à 20 tonnes	3
§. II. — De la publicité des actes translatifs, constitutifs, ou déclaratifs de droits réels sur bateaux de navigation intérieure	3
§. III. — De la constitution de l'hypothèque et des formalités d'inscription	4
§. IV. — Du rang des inscriptions, leur durée de conservation de l'hypothèque, et garantie	6
§. V. — De la radiation des inscriptions	7
§. VI. — De la purge des hypothèques. — Des hypothèques consenties à l'étranger; — De la délivrance à toute personne de l'état des inscriptions; — De la délivrance d'autres états; — Du remplacement ou transfert du certificat d'immatriculation; — De l'immatriculation actuelle.	8
§. VII. — De la saisie et la vente forcée	14
§. VIII. — Droit d'enregistrement de l'acte constitutif d'hypothèque, frais de greffe, tenue des registres prescrits	19
§. IX. — Droit d'enregistrement de vente de bateau	20
§. X. — Tableau des Bureaux d'immatriculation et de jaugeage tel qu'il résulte de l'annexe au Décret pour règlement d'administration publique	22

www.ingramcontent.com/pod-product-compliance
Lightning Source LLC
Chambersburg PA
CBHW070450080426
42451CB00025B/2700